Gudrun Heller

Jahreslichter

Gedichte zu den Jahreszeiten

Herstellung und Verlag:
BoD – Books on Demand, Norderstedt
ISBN 978-3-7528-8637-5

Frühling

Auf dem Holzweg

Einst kam der Frühling nach Essen,
der hatte den Winter vergessen,
er tanzte im Februar von Nas zu Nas
und suchte verzweifelt den Osterhas,
nun muss er zur Strafe Schnee fressen.

Das Versprechen

Erste Kraniche
fliegen mir überm Kopf
und lassen Hoffnung blühen.

Sie legt sich wie Salbe
auf die Wunde,
die entsteht,
wenn sie im Herbst
gen Süden ziehen.

Und eine Ahnung von leichtem Grün,
wie eine Verheißung
von baldigem Glück,
berührt das Land,
als die Sonne mir sagt:
„Ich bring den Frühling zurück."

Frühlingsboten

Langsam keimt die Hoffnung,
dass der Winter endlich geht,
selbst wenn noch ein eisiger Wind
durch alle Nächte weht.

Ihr habt es gewagt,
und seid aus der Erde geschossen,
zaubert blütenweißen Boden
mit grünen Sprossen.

So klein wie ihr seid
läutet ihr das Ende ein,
und ich bewundere euch für euren Mut
und euer Schneeglöckchensein.

April

Ihr habt gedacht,
ihr habt´s geschafft,
so warm schon die Tage,
nur kalt noch die Nacht.

Doch euer Strahlen
und eure Farbenpracht
haben den Winter
auf die Palme gebracht.

Noch war er nicht tot,
noch hatte er Kraft,
und zerstörte in Kürze,
was ihr mit Mühe erschafft.

Er sandte den Sturm
über das Land
und würgte euch hart
mit frostiger Hand.

Blüten erfroren,
Äste gefällt
und niemand da,
der sich in den Weg gestellt.

Auch der Frühling
wollte sich nicht daran stören,
würde der Alte doch bald
seine Kraft verlieren.

Und nach ein paar Tagen,
als wäre nichts geschehen,
sind überall schon wieder
neue Knospen zu sehen.

Der Winter aber zieht sich
schmollend zurück
und träumt
vom nächsten Januarglück.

Die Überraschung

Er kommt nicht
auf leisen Sohlen,
schleicht sich nicht
bei uns ein.

Kommt lieber
mit Pauken und Trompeten,
wie Donner und Blitzesschein.

So plötzlich und unerwartet,
und häufig über Nacht,
liebt unsere erstaunten Gesichter,
unser „Wer hätte das nur gedacht?"

Über Nacht

Über Nacht
ist der Frühling auf die Erde gefallen
und hat sie mit viel Grün
erlöst von ihren Qualen.

Auf einmal
ist die Welt nicht mehr still,
und jeder kann es hören,
wenn er nur will:

Das Trällern und Zwitschern
im Blätterdach,
das Sprudeln, Schäumen
und Gurgeln im Bach.

Und ich dazwischen,
nur relativ stumm –
warum sollte ich auch reden,
wenn ich genießen kann?

Sonnensehnsucht

Der Bach hat den Winter
längst vergessen
und plätschert munter
vor sich hin.

Er schlängelt sich fröhlich
durch grüne Wiesen,
wo schon die Bäume
in Blüte stehen.

Ich schau ihm zu und sehne mich
nach diesem Vergessen,
das all das Vergangene tilgt.

Nach einer Sonne
so hell und stark,
dass auch die letzte Wunde heilt.

Endlich wieder

Endlich wieder
den Kopf in die Sonne recken,
während nebenan die Reste
von Schnee verrecken.

Tanzen, lachen,
glücklich sein,
und dem Leben
den langen Winter verzeihn.

Hand in Hand
mit dem Frühling bin ich stark,
zu stark,
als dass der Winter
zurückkommen mag.

Stromabwärts

Zu einem Meer unzähliger Blüten
habt ihr euch vereint,
um ins Tal hinab zu fließen,
wo bereits die Sonne scheint.

Jede einzelne von euch
ist ein kleines Wunder
mit einer schier betäubenden Macht,
umso mehr, wenn ihr zu Tausenden
einen lila Strom erschafft.

Am liebsten
stürzte ich mich in eure Flut
und ließe mich ein Weilchen treiben,
träumte den Traum,
eine von euch zu sein
und für immer bei euch zu bleiben.

Frühlingssinfonie

Die ersten Strahlen der Frühlingssonne
locken die Menschen
hinaus an den See.

Sie zaubert ein Lächeln
in alle Herzen
und frohe Menschen,
wo immer ich geh.

Die Boote schaukeln leise am Ufer
zur altbekannten Sinfonie,
zu Tönen,
die schon seit Urzeiten erklingen,
einer unvergesslichen Harmonie.

Und für einen kurzen Augenblick
lässt sie unsere Herzen
im Gleichklang schlagen,
lässt sie uns Gefühle zeigen,
viel schöner,
als Worte es vermögen zu sagen.

Am liebsten würde ich
vor Glück tanzen
hinunter die Promenade am See
und vor Freude jedes Veilchen küssen,
bis ich hier am Ufer vergeh.

Wunder des Lebens

So lange haben wir
auf Dich gewartet,
so lange Deine Mutter
gehegt und gepflegt,
aber erst im Frühling, in der Vollmondnacht,
fandest Du endlich zu uns Deinen Weg.

Auf staksigen Beinen
ins Morgenlicht,
ein Blinzeln in die Sonne
von einem Fohlengesicht.

Ein Wunder des Lebens, ein Morgengeschenk
und wir nur da, um es zu bestaunen
und Dir leise und voller Ehrfurcht als Erste
Deinen Namen Fay zuzuraunen.

Und jedem Anfang wohnt ein Zauber inne,
jede Geburt ist ein Geschenk der Natur,
jedes Mal gibt sie uns einen Grund zur Hoffnung,
und öffnet uns eine neue Tür.

Der Kreislauf

Die Sonne entfacht
am Himmel die Glut
und verbrennt die Reste vom Tag.

Sie macht den Weg frei
für die Nacht,
obwohl er noch nicht gehen mag.

Doch das Alte muss
mit Schmerzen weichen,
damit etwas Neues entstehen kann.

Und wird das Neue
dann zum Alten,
fängt alles wieder von vorne an.

Sommer

Ein italienischer Sommer

Jeder Tag
wird von der Sonne versengt
und seine Glut
im Meer ertränkt.

Um jede Nacht
wieder aufzuerstehen,
wenn die Gefahr vorbei ist,
in Hitze zu vergehen.

Dann schwärmen die Menschen
in Scharen aus
und plappern und lachen
ihr Glück hinaus.

Von Sonne erfüllt
und doch nicht verbrannt,
in bunten Kleidern
gegen der Nacht dunkles Gewand.

So holen sie sich
die Stunden zurück,
die ihnen der Tag
zuvor entzog.

La dolce vita

Jede Menge Sommer
und jede Menge Leben
lassen kaum Platz für Schatten,
vertreiben mit Macht
die quälende Erinnerung
an dunkle, düstere Zeiten.

Hier,
wo Obst und Gemüse wachsen,
als gäbe es ewig Sonnenschein,
schlägt der Puls des Lebens
nah an meinem Herzen
und vergessen ist alle Seelenpein.

Verträumte Tage

Diese verträumten Tage,
an denen die Sonne
hoch am Himmel steht,
und sich
das unendliche Blau
in unseren Augen widerspiegelt.

Diese verträumten Tage,
so fern
von all des Alltags Lasten,
führen uns zurück
zu vertrauten Ufern,
die wir vor langer Zeit verließen.

Diese verträumten Tage,
voll von einer heimlichen Kraft,
die uns das Leben
für den Rest des Jahres
um so vieles einfacher werden lässt.

Sommersinne

Rot ist die Farbe meiner Augen,
auf Bilderfang
für mein gieriges Herz.

Laut dröhnt es in meinen Ohren
vom Puls des Körpers
und von seinem Schmerz.

Süß sind die Erdbeeren
auf meiner Zunge,
als Verheißung der Erde abgerungen.

Weit fliegt mein Herz
im Sommerwind
und lässt sich nicht mehr fangen.

Bis meine Hände endlich
Deine spüren
und nie mehr loslassen können.

Faulenzertag

Sommersonnenseligkeit
schlüpft durchs Gartentor hindurch,
hüpft und springt
auf der Wiese wie toll
und schlägt sich den Bauch
mit Erdbeeren voll.

Dann fläzt sie sich genüsslich
in meinem Liegestuhl
und schaut mir verschmitzt
beim Arbeiten zu.

Eigentlich müsste ich jetzt
wütend auf sie sein,
doch wer ist schon böse
auf den Sonnenschein?

Ich schmeiß die Arbeit hin,
soll sie halt ihren Willen kriegen -
doch beim nächsten Mal
werde *ich* sie besiegen.

Kinderreim

Rot, Gelb, Weiß und etwas Licht,
fertig ist
das Sommergesicht.

Erdbeer, Kirsche, und Banane
und obendrauf
noch etwas Sahne.

Die Hälfte verschmiert um den Mund herum,
dann gucken die Eltern
besonders dumm.

Und ziehen sich erschöpft in den Schatten zurück,
sie sind halt zu alt
für´s Kinderglück.

Intermezzo

Tropfen schlagen an mein Ohr,
hüpfen von Ast zu Ast,
und wenn ich mich jetzt
nicht gehörig spute,
werde ich sicher noch pitschenass.

Doch der Regenfall
kann mich nicht betrüben,
weiß ich im Stillen doch ganz genau,
er ist bloß eine Laune des Sommers,
die ich ihm nur zu gerne verzeih.

Und bin ich dann endlich
wieder zu Hause,
lugt die Sonne schon verschmitzt
aus den Wolken hervor.
Sie neckt mich:
„Kann es sein, dass Du nass bist?"
und fügt hinzu:
„Das betrübt mich sehr!"

Nur zum Schein
werde ich auf sie wütend
und recke empört meine Faust:
„Dafür musst Du nun
meine Sachen trocknen –
sie hängen im Garten
hinter dem Haus."

Die Sonne strahlt so toll wie sie kann,
denn sie meint, das sei ein fairer Deal.
Für heute lassen wir einander in Ruhe,
und Morgen beginnt ein neues Spiel.

Klatschmohn

Klatschmohn blüht
auf kleinen Inseln
in einem Meer aus grünem Korn.

Zaubert viele rote Punkte
auf ein Stück Natur,
das schon längst verlorn.

Für den Bauern
sind sie ein Ärgernis,
sind nur ein paar
nutzlose Flächen.

Allen anderen aber
schenken sie
jeden Tag ein kleines Lächeln.

Sommerflieder

Der Sommerflieder
vor meinem Küchenfenster
fängt wieder an,
lila zu blühen.

Hummeln und Schmetterlinge
lassen sich nieder,
um Nektar aus ihm zu ziehen.

Es ist ein wildes Kommen und Gehen,
eine bunte Flügelpracht,
viel schöner als so manches Gehölz,
das nur mit toten Farben besticht.

Traumzeit

Die heiße Erde atmet Sonne
und der Duft von Hortensien
liegt schwer in der Luft.
Überall flirren Hitzeschwaden,
bremsen die Hektik,
die *Arbeit! Arbeit!* ruft.

Die Hitze wirft uns in den Schatten
und zwingt uns innezuhalten,
gibt uns Zeit,
das Leben zu träumen,
um aus Träumen Leben zu gestalten.

Noch

Noch schimmern die Ähren
in zartem Grün.

Noch rascheln die Grannen
im leichten Wind.

Noch ist nicht
aller Ende Anfang.

Noch wiegt sich in mir
ein fröhliches Kind.

Erntezeit

Nur verdorrte Stängel auf dem Feld,
wo der Raps so lange stand.
Schüchtern sprießt etwas Grün aus der Erde,
wie ein Ersatz für das, was ich hier einst fand.

Zwar wiegt sich der Mais
im Sommerwind,
und Blumen blühen am Wegesrand.

Doch das leuchtende Gelb,
das mich strahlen ließ,
ist bis zum nächsten Jahr
von der Erde verbannt.

Nicht so bald

Eine leichte Kühle
liegt auf dem Feld
und dämpft den Sonnenschein.

Die ersten Felder sind abgeerntet
und Wehmut schleicht
in mein Herz hinein.

„Nicht so bald,
und nicht so schnell!",
rufe ich dem Sommer zu.

Doch er lacht mir nur
in mein Gesicht:
„Seit wann bestimmst das Du?"

Der verlorene Sommer

Ich wünsche mir die Leichtigkeit zurück,
die Leichtigkeit der Sommerwärme,
die Unbekümmertheit der Juli-Tage,
der lauen Nächte Sterne.

Als alles noch so einfach war
und beschwingt meine Tage,
sorglos zog ich in die Ferne hinaus,
und nichts stellte mich in Frage.

Zweifel und Sorgen
waren weit entfernt
und wohnten in einem anderen Land,
niemals dachte ich,
ich käme dorthin,
der Weg war mir unbekannt.

Nun ist es gerade anders herum
und ich finde nicht mehr zurück,
zurück zu dem Land, das meine Heimat war
und wo ich verließ mein Glück.

Herbst

Der Sturm

Dunkle Wolken
fliegen über die Dächer hinweg,
nur vom Wind getrieben,
kennen weder Rast noch Ruh,
können hier nicht bleiben.

Arm in Arm
mit ihren weißen Schwestern
eilen sie über das Himmelszelt,
haben keine Zeit für Regen,
der sie doch nur von ihrer Reise abhält.

Und aus Schwarz wird Grau
und aus Weiß wird Rosa,
so wie es der Sonne gerade gefällt,
und nie ist man sich wirklich sicher,
welche Farben sie zusammenstellt.

Nun reißt der Wind die Wand in Flocken
und jagt sie wie Tiere vor sich her,
so lange bis er nichts mehr zum Jagen hat
und plötzlich ist der Himmel leer.

Strahlendes Blau über kahlen Ästen,
wohin mein Blick auch immer fällt,
und nirgendwo eine leise Ahnung
von der gerade noch wolkenverhangenen Welt.

Die bunte Welt

Über die Dächer der Siedlung
führt mein Blick hinaus
in die bunte Welt.

Und noch ein Stück weiter
die Straße hinunter,
wo hin und wieder
eine Kastanie fällt.

Hinab in das leise raschelnde Laub,
wo sie so manche Eichel trifft,
und sich zusammen mit Blättern und Erde
zur unwiderstehlichen Herbstluft vermischt.

Die Sonne tanzt auf ihrem Rücken
und hüpft von Blatt zu Blatt,
sie wird ihres Spieles niemals müde,
und ich des Zuschauens nicht satt.

Im Gartenland

Manchmal zieht es mich
in mein Gartenland,
zwischen hohen Hecken
fern vom Straßenrand.

Etwas mildes Grün
kühlt mein brennendes Herz
und das Gelb der Blumen
lindert beißenden Schmerz.

Die bunten Bäume
wiegen sich sanft im Wind,
so wie es eine Mutter tut
mit ihrem kleinen Kind.

Und endlich, endlich,
finde ich ein Stück Ruhe hier,
eine Zuflucht vom Alltag,
direkt vor der Tür.

Morgenstimmung

Ein Farbenmeer aus gelben Blättern,
verstreut auf braunem Grund,
kein Rauschen und kein Wellengang,
kein blauer Ton,
nur Krähengesang.

Feuchter Nebel wabert am Boden,
kriecht zu früher Morgenstund,
macht sich auf,
alles Schöne zu verschlingen
mit seinem riesigen grauen Schlund.

Der Wind spielt sanft
mit belaubten Ästen,
bis er sie ihrer Pracht beraubt,
und langsam fallen farbige Schätze,
auf dem Weg zu buntem Laub.

Manchmal wirbeln sie plötzlich hoch,
vom Wind getrieben allein,
weit hinaus über den leeren Acker,
und träumen verstohlen, Wellen zu sein.

Noch nicht verloren

Schief ragt in den Himmel
ein Eichenbaum,
kahl geschoren vom Herbstwind die Äste;
in diesem Jahr wuchs er kaum ein Stück,
sein Zustand ist nicht der Beste.

Grün sind nur die wuchernden Pflanzen,
ein Geflecht von Kopf bis Fuß,
das ihn mit seiner ganzen Kraft würgt,
bis er endlich sterben muss.

Doch noch trotzt er seinem grausigen Schicksal,
das ihm von Natur aus scheint bestimmt,
und das ihm im Vergleich zu seinen Gefährten
so viel der Lebensdauer nimmt.

Was für eine Tapferkeit
und was für ein unbändiger Lebensmut,
die ihn so anders als all die anderen machen,
denen das Leben niemals Schlechtes antut.

Schätze

Sonnenstrahlen fallen
durch die Bäume hindurch,
verfangen sich in den Ästen,
taumeln in den Mulch.

Blätter hangeln sich
an ihnen herab,
streicheln meinen Körper,
fallen von ihm ab.

Bunte Schätze
schmiegen sich in meine Hand,
bin so plötzlich
reichster Mensch im Land.

Und kann ich das auch nur
für kurze Zeit sein,
die Erinnerung daran
bleibt ewig mein.

Sehnsucht

Wenn ein Sommer lange Zeit lebt,
wird Dir seine Schönheit zur Last,
wenn ein Sommer lange Zeit lebt,
willst Du schließlich, dass er geht.

Ist ein Sommer dann endlich fort,
fragst Du Dich, warum ließt Du ihn ziehen.
Nun steht der Herbst vor Deiner Tür,
und schon sehnst Du Dich zurück nach ihm.

Sommerende

Das Korn ist abgeerntet,
die Felder liegen brach,
und irgendwo rührt sich der Herbst
in seinem Schlafgemach.

Die Tage werden kürzer
und das Licht zieht auf und davon,
verlässt unsere Hälfte der Welt,
woanders erwartet man es schon.

Ich fange jeden Sonnenstrahl
für meine Seele ein,
will sie noch ein letztes Mal stärken
für Zeiten ohne hellen Schein.

Für traurige Zeiten, die bald kommen,
für Zeiten mit wenig Licht,
für Monate voller endlosem Regen
und ausdruckslosem Gesicht.

Die Angst sitzt mir im Nacken,
dass ich den Winter nicht überstehen kann.
Der Seele Hunger ist schon jetzt unstillbar,
und der Herbst fängt gerade erst an.

Neuanfang

Klar gewaschen
sind alle Farben
vom Regen in der Nacht.

Nichts ist mehr übrig
von den trüben Tönen,
die der Nebel mitgebracht.

Die Sonne tanzt
vor lauter Freude
von Ast zu Ast
und Blatt zu Blatt.

Tanzt auch
auf meiner Nasenspitze,
bis ihre gute Laune
mich angesteckt hat.

Warum nur?

„Warum bist Du nur so traurig,
mein Herz,
siehst Du die Blätter in bunten Farben?
Sie sehen doch so lebendig aus,
als könnte ihnen der Tod
nichts weiter anhaben."

„Sie sehen nur so farbig aus,
weil sie schon am Sterben sind.
Warte nur noch ein kleines bisschen,
dann fallen sie mit des Herbstes Wind."

„Warum soll ich jetzt schon
ihr Fallen beweinen,
dafür ist doch später Zeit genug.
Lass uns lieber ein Herbstfest feiern,
noch ist das Leben am Zug."

Weißer Sand

Eine Handvoll weißer Sand in den Fingern
aus dem Kasten vor dem Haus,
weckt die Erinnerung
an warme Zeiten
und so manchen Blumenstrauß.

Eine Handvoll weißer Sand im Herbst
und plötzlich eine Muschel darin,
eine Handvoll Sommer mit Sonne und Meer,
und das Versprechen, dass ich bald wiederkomm.

Herbstfeuer

Feuertöne im Flammenmeer
züngeln am Straßenrand empor,
nur hin und wieder
lugt aus dem Farbenrausch
eine braune Wurzel hervor.

Ein loderndes Blätterdach von zwei Seiten
zieht mich in sein Spiel hinein,
lässt mich für eine wundervolle Weile
Teil des großen Herbstfeuers sein.

Mein Herz beginnt wie alles andere zu strahlen
in diesem unvergleichlichen Licht,
und was gerade noch so bedeutsam war,
verliert jetzt schnell an Gewicht.

Es ist das letzte Fest des Lebens
in diesem langsam verglimmenden Jahr,
ein Narr, wer diese Zeit nicht genießt,
und tut, als wäre sie ewig da.

Verlassen

Verlassen ist die Welt nun ohne euch
und der Himmel leer und kalt,
traurig denke ich an den Tag zurück,
an dem der Ruf eures Abschieds erschallt.

Ihr hattet euch alle dort oben versammelt,
um dem Winter zu entfliehen,
und ich spürte wieder die alte Sehnsucht,
einmal mit euch weit fort zu ziehen.

Fern in südliche Länder zu gehen,
in denen die Sonne ständig scheint,
in denen das Leben so unendlich leicht fällt,
weil das Licht sich für immer
mit dem Tag vereint.

Doch an meinen Schultern sind keine Flügel,
und am Boden hält mich mein Gewicht,
bin gebunden an meine Heimat
und zu fliegen lerne ich nicht.

Hinaus in das Licht

Komm, meine finstere Seele,
komm mit mir hinaus in das Licht,
was klammerst Du Dich an Deine dunkle Höhle,
siehst Du denn die Sonne nicht?

Lass uns durch die Wälder wandern,
querfeldein durch buntes Laub,
und Du wirst sehen, Deine Qualen
zerfallen schon bald
zu schmerzlosem Staub.

Breite Deine Flügel aus
und gleite mit mir
durch die leuchtende Pracht.

Vergiss nicht,
es wird nicht mehr lange dauern,
dann fliehen die Farben
vor der kommenden Nacht.

Novembertag

Düster schleicht
der Tag einher
und versteckt
sein Sonnenlicht.

Ich drehe meinen Kopf
dem Himmel entgegen,
aber kein wärmender Strahl
berührt mein Gesicht.

Wie frischer Teer
breitet sich Schwärze aus
und will die Seele erdrücken,
quillt aus jeder Pore hervor
und mir ist, als müsste ich ersticken.

Doch noch brauche ich nichts zu fürchten,
noch ist der Körper zum Siechen zu stark.
Tut mir leid, mein finsterer Begleiter,
bis auf einen späteren Tag.

So müde

Nun, da die Tage
immer früher vergehen
und immer später erwachen,
kriecht eine Kälte in mein Herz,
erstirbt in mir das Lachen.

Wie soll man denn auch tanzen wollen,
wenn ringsherum der Tod
das Zepter ergreift,
und ein Hauch von Grabesluft
auch meinen Körper streift?

Mit ist danach, mich hinzulegen
und so lange auszuruhen,
bis im nächsten Jahr
wieder neues Licht
und neue Farben erblühen.

Und das neu erwachte Leben mich sanft,
doch energisch an den Händen fasst:
Steh auf, Dein Leiden ist vorüber,
sieh zu, dass Du den Frühling nicht verpasst.

Lichtlos

Schwarz ragen Zweige in den Himmel empor,
daran schaukeln einsam Blätterreste,
sie sind das Einzige,
was vom Sommer übrig blieb
und vom letzten herbstlichen Feste.

Ich schlage den Kragen meiner Jacke hoch,
denn die Kälte zieht mir in die Knochen,
die Natur ist mir nicht länger wohl gesonnen,
und so komme ich ins Haus zurückgekrochen.

Ich beneide die Tiere, die Winterschlaf halten
bis zum Ende dieser grausigen Zeit,
die mit dem Einbruch der Kälte begann,
und sich austobt in Stunden der Lichtlosigkeit.

Sie lässt meine hungrige Seele stürzen
ins schwarze Nichts der Dunkelheit,
und niemand kann den endlosen Fall stoppen,
nur die nächste Frühlingszeit.

Die letzten Tänze

Morgenblaue Stille
liegt über dem einsamen Fjord,
erster Schnee bedeckt die Berge
und treibt den Sommer fort.

Zwei Boote liegen verlassen
am Ufer zu seinen Füßen,
oft fuhren sie im Sommer hinaus,
nun werden sie bald ruhen müssen.

Noch immer hat die Sonne die Kraft,
die Farben tanzen zu lassen,
und so sieht man das Rot
sich mit dem Okkerbraun
und Blau an den Händen fassen.

Es wird nicht mehr viele Reigen geben,
bevor der Winter die Idylle bricht,
und alles, was lebt, scheint das zu ahnen,
und trinkt begierig vom letzten Licht.

Der Blätterraub

Blätter toben wild um meinen Kopf,
und das Laub fällt ab in Massen,
der Wind treibt es munter die Straßen entlang,
will auch das letzte Stück Bunt erfassen.

Er zerrt und reißt an den starken Ästen,
die müde sind vom langen Tragen,
sie werfen ihm ihre Last vor die Füße,
ohne groß ihren Verlust zu beklagen.

Bald stehen sie nackt und kahl im Wind
und die Erinnerung wird rasch verblassen,
wie schön es war, sie anzuschauen,
als sie noch ihr buntes Kleid anhatten.

Das späte Jahresfest

Im schwarzen Gewirr
Deiner Äste
flammt noch einmal
Leben auf.

Du lässt die Farben explodieren,
auch wenn Du damit
Deine Kraft verbrauchst.

Du feierst mit uns
ein spätes Fest,
bevor Du alles Leben
von Dir wirfst,
und Dich die Natur
mit aller Macht
in einen langen Winterschlaf führt.

Dichter Nebel

Dichter Nebel kriecht über das Feld,
auf dem noch eben die Sonne lag,
greift nach mir mit feuchten Armen,
nimmt mich gefangen am hellichten Tag.

Pfade verschwinden vor meinen Augen
und ein Abgrund tut sich auf,
es gibt keinen Kurs,
an dem ich festhalten kann,
alles verändert seinen gewohnten Lauf.

Schwaden aus grauen Wassertropfen
wabern ständig hin und her,
und egal, wohin mein Blick auch wandert,
die graue Wand ist längst schon da.

Mir wird wohl nichts anderes übrig bleiben,
als auf die Sonne zu warten,
sie wird den Nebel wirksam bekämpfen
und vernichten diesen Irrgarten.

Das unzertrennliche Band

Die Farben taumeln
vom Himmel herab,
als suchten sie auf dem Boden
ein passendes Grab.

Kastanien und Eicheln
gesellen sich dazu,
vereinen sich scheinbar
in Todesruh.

Doch in ihnen steckt schon
das neue Leben,
aus ihnen werden Bäume
in den Himmel streben.

So fassen sich Leben und Tod
an die Hand
und bilden zusammen
ein unzertrennliches Band.

Nur der Mensch will trennen,
was nicht zu trennen ist,
und ahnt doch sein Scheitern
in des Todes Angesicht.

Die letzten Jahre

Traurig sehe ich Deine Kerze flackern,
draußen im rauen Wind,
sie kämpft mit Macht um ihr Überleben,
verzehrt sich jedoch nur allzu geschwind.

Ich will ihr helfen und breite meine Hände
schützend um ihre Glut,
doch all der Schutz ist ihr zuwider
und sie verletzt mich voller Wut.

Nein, Du willst Deine Kräfte nicht schonen,
willst hell leuchten bis zum Schluss,
immer weiter bis zum großen Finale,
in dem Du schließlich verlöschen musst.

Was nutzt denn auch das ganze Schonen,
das Verlängern all der Altersqual,
das Sterben folgt schließlich eigenen Gesetzen,
das Wann und Wie steht nicht zur Wahl.

Winter

Der Tanz

Als der Winter tanzen ging,
nahm er den Frühling
mit zum Singen.

Der Sommer war darüber
sehr erbost:
„Das ist doch verrückt,
was Du hier tust!
Wie soll der Mensch sich
auf meine Wärme freuen,
ohne die Kälte, die ihn lehrt,
mein Ende zu bereuen?"

Allein der Herbst
lachte verschmitzt,
denn Wärme und Kälte
hatte er schon immer vermischt.

Und tröstend wandte er sich
zum Sommer hin:
„Auch ohne Kälte
machst Du noch Sinn.
Denn der Mangel an Licht
lässt sich nur schwer ertragen,
und schon bald werden die Menschen
wieder nach Dir fragen."

Schattenspiele

Die Wintersonne wirft
den Schatten des Baumes
auf strahlend weiße Wände,
sie zeichnet ihn so unheimlich klar,
als hätte sie Künstlerhände.

Und mit dem Gewirr aus Schwarz und Weiß
lässt sie eine Schönheit entstehen,
fast so wie das pulsierende Leben
und ist doch sein Vergehen.

Goldenes Licht

Goldenes Licht auf weißem Eis
strahlt zurück in mein Gesicht,
und obwohl ich den Winter
nicht wirklich mag,
dieser Schönheit entziehe ich mich nicht.

Zuckerkristalle auf harter Erde,
wie für die Ewigkeit gemacht,
fallen langsam in sich zusammen,
die Wintersonne schmilzt sie sacht.

Doch klirrende Kälte trotzt all der Sonne
und zwingt die Natur zum Stehen,
auch ich verlangsame meinen Schritt
und lasse die Seele ruhen.

Ostwind

Kalt fegt der Wind
über das Land hinweg,
und treibt die Menschen
in ihre Häuser zurück.

Wer draußen bleibt,
wird jetzt bitter leiden,
und der Winter sucht Beute
unter Todgeweihten.

Nun müssen wir reichlich
für den Sommer bezahlen,
in geldloser Währung
aus bitteren Qualen.

Und über allem
liegt eine Ahnung von Schnee,
der Winterlicht fängt,
damit wir das Grauen nicht sehen.

Depression

Eiseskälte
kriecht den Körper empor
und will das Herz erstarren.

Wände aus Grau
löschen Farben aus
und lassen den Menschen
im Düstern verharren.

Ohne Licht ist alles
wie ein Gefängnis,
dabei reichte ein Strahl schon,
und alle Mauern würden brechen,
und ich flöge auf und davon.

Stille

Stille legt sich
auf das Land,
zwingt das Leben
unter eine kalte Hand.

Vereist die Herzen,
bis sie nichts mehr spüren,
senkt den Puls herab,
bis sie sich kaum noch rühren.

Haben sie genug Sonne in sich,
um die Dunkelheit zu überleben?
Sind sie wohl fähig, ohne Schaden
durch die Finsternis zu gehen?

Verdammt

Raureif legt sich auf die Gräser
einer langen Winternacht,
und alle Hoffnung auf den Frühling
wird zunichte gemacht.

Noch verharrt die Natur
in regungsloser Stille,
noch keimt keine Ahnung,
kein Lebenswille.

Die Kälte zwingt mich
in Mütze und Schal,
ich beuge mich ihrem Regiment,
sie lässt keine Wahl.

Verdammt bin ich auszuharren
in dieser eisigen Nacht,
hoffend auf den nächsten Morgen
und seiner neuen Kraft.

Farblos

Die Kerzen brennen heute für Dich,
nur für Dich allein,
Du hast Dich entschieden, von uns zu gehen,
kannst nicht mehr bei uns sein.

Schwarz sind alle unsere Kleider,
schwarz ist auch unserer Seelen Gewand,
Du hast uns all unsere Farben genommen,
Dich zu begleiten in ein anderes Land.

Ich hoffe, Du wirst sie bald wiederfinden,
die Töne, die Du so über alles geliebt,
und wirst mir die Meinen überlassen,
damit es für mich
wieder Lebenslust gibt.

Wartezeit

Schwarz sind nun die Bäume,
nackt und kahl
und ihrer Schönheit beraubt.

Auf ihren Spitzen
thronen verlassene Nester,
wie Kronen
auf eines Königs Haupt.

Sie träumen vom vergangenen Leben,
das der Frühling ihnen einst gebracht,
den vielen Vögeln,
die hier ihr Zuhause hatten,
und längst geflohen sind
vor des Winters Nacht.

Ich wünsche mir,
ihr Traum wird bald enden,
und frisches Grün
sie aus ihrem Schlaf befreien.

Dann kommen auch
die Vögel zurück
und alles Leben
wird wieder gedeihen.

Kalte Sonne

Kalte Sonne tanzt verlockend
auf meiner winterbleichen Haut,
tut so, als wollte sie das Eis schmelzen,
das sich darunter seit langem aufstaut.

Kältestarr suche ich Wärme bei ihr,
doch kann sie mir kein Leben spenden,
sie ist nur eine geschickte Täuschung,
und kann das Leiden nicht beenden.

Es bleibt mir gar nichts anderes übrig,
als zu warten auf erste Frühlingslaunen,
auf eine Sonne, die die Kraft hat,
all das Erstarrte aufzutauen.

In der weißen Landschaft

Weißes Glück liegt auf den Wiesen
und Kinderherzen lachen,
schwer ächzen Äste unter kalter Last,
die Luft erschüttert ihr Krachen.

Der Schnee hat sich mal wieder
der Sonne ergeben,
entdeckt seine Liebe zum Wasser,
seine Liebe zum Leben.

Doch noch sieht man überall Eiszapfen funkeln,
klar und hell wie reines Kristall,
der Winter steht im Zenit seiner Macht,
und noch längst nicht vor seinem Fall.

Und in der Kältestarre
plätschert und gurgelt ein Bach vor sich hin,
er träumt von der Kraft des nächsten Sommers -
und der Winter davon, ihn zu bezwingen.

Frühlingsspiele

Verwunderte Blicke
zur Sonne herauf,
Staunen über Wärme
im frühen Jahresverlauf.

Schon brechen wieder Knospen
an Sträuchern auf
und an Wegesrändern schießt Grün
zum Licht hinauf.

Die Sonne spielt Frühling
und ihr Spiel ist so schön,
ich kann nicht anders,
als ihr zuzusehen.

Doch wie alle Spiele
findet auch dieses ein Ende.
Es ist der Winter, der ihr befiehlt,
dass sie sich von uns wende.

Sommerrot

Sommerbilder,
Sommersehnsucht,
Sommerrot so schön.

Erinnerungen steigen
aus der Tiefe der Seele
und noch so viel Winterweg zu gehn.

Alle Werke unter:
www.gudrunheller.wix.com/autorin